# PARIS MALADE,

Revue mêlée de couplets,

## DE MM. BAYARD ET VARNER,

REPRÉSENTÉE, POUR LA PREMIÈRE FOIS,
SUR LE THÉATRE DU PALAIS-ROYAL,
LE 31 DÉCEMBRE 1832.

PRIX 1 FR. 50 C.

PARIS.

J. N. BARBA, LIBRAIRE,

PALAIS-ROYAL, GRANDE COUR, DERRIÈRE LE THÉATRE-FRANÇAIS.

1833

<div style="text-align:center">~~~~~~~~~~~~~~~~~~~~~~~~~~~~~~~~~~~~~~~~~~~~~~~~~~~~~~~</div>

| PERSONNAGES. | ACTEURS |
|---|---|
| PARIS. | MM. Lhéritier. |
| LA CARICATURE. | Lepeintre aîné. |
| CASSECOU. | } Philippe. |
| BELLECHASSE. | |
| UN CUISINIER. | } Lenassor. |
| OSSIAN. | |
| FLONFLON. | Derval. |
| HOLA. | Beau. |
| UN ORTHOPÉDISTE. | Masson. |
| UN ARABE. | Remy. |
| L'INVENTEUR de la Moutarde blanche. | Saint-Ange. |
| UN ÉGYPTIEN. | Justin. |
| UN VIEUX CHANTEUR. | Lemeunier. |
| COQ-A-L'ANE. | |
| JOCRISSE. | } M<sup>lle</sup> Déjazet. |
| UNE VIVANDIÈRE. | |
| LE PLAISIR. | |

----------

*Nota.* Les acteurs sont placés en tête de chaque scène comme ils doivent l'être au théâtre : le premier inscrit tient toujours la gauche du spectateur ; ainsi de suite.

IMPRIMERIE DE E. DUVERGER,
RUE DE VERNEUIL, N° 4.

# PARIS MALADE.

Le théâtre représente une salle commune ayant plusieurs issues : le fond laisse
apercevoir une place publique.

## SCÈNE PREMIÈRE.

UN ÉGYPTIEN, UN ARABE, HOLA, EMPLOYÉ DE L'OCTROI ;
BELLECHASSE, UN ORTHOPÉDISTE.

**CHŒUR.**

AIR *des Gascons.*

Empressons-nous de tout côté !
Fidèle
A Paris qui m'appelle ;
Mieux encor que la Faculté
Je viens lui rendre la santé.

**L'ORTHOPÉDISTE.**

J'ai redressé par mon talent
Des corps qui penchaient en arrière ;
Et j'ai fait marcher en avant
Les deux jambes d'un doctrinaire.

**CHŒUR.**

Empressons-nous, etc.

**BELLECHASSE.**

O mon pays ! combien d'auteurs
Pour t'illustrer font des chefs-d'œuvre
Qui, j'en appelle aux connaisseurs,
Sont loin de valoir mes hors-d'œuvre !

**TOUS.**

Enfin le verra-t-on, ce Paris qu'on dit si malade ?

HOLA, *entrant avec des papiers à la main.*
Silence !... Que diable ! attendez un instant, il se lève. Il

faut que je mette en ordre ses lettres, ses cartes, ses jour-
naux...

BELLECHASSE.

Comment, il lit tout cela !

HOLA.

Oh ! il lit, il lit... Non... mais il reçoit !... ( *On entend crier.* )

BELLECHASSE.

Je suis curieux de le voir.

L'ÉGYPTIEN.

Ce doit être un bel homme !

L'ARABE.

Un héros !...

HOLA.

Lui !...

AIR : *Par ricochet.*

Toujours roulant, toujours criant,
Toujours crotté jusqu'à l'échine,
Tantôt gamin, tantôt géant,
Dans le luxe ou dans la débine ;
Un grand corps des plus mal bâtis,
Voilà Paris.     (*bis.*)

BELLECHASSE.

Par ses intérêts rassuré
Beaucoup plus que par ses casernes,
Et par son bon sens éclairé
Beaucoup mieux que par ses lanternes.
Pauvre en talent, riche en commis,
Voilà Paris.     (*bis.*)

# SCÈNE II.

LES MÊMES, PARIS.

PARIS.

Que le diable les emporte avec leurs étrennes !... Ils n'ont
que ça à dire... « Pour mes étrennes, s'il vous plaît !... » Et sous
prétexte que je suis malade, ils viennent tous me rendre une
visite intéressée !...

TOUS, *s'approchant.*

Monsieur !...

PARIS.

Que me veulent encore ces gens-là ?... Ils me font l'effet
d'une émeute !...

**HOLA.**

Rassurez-vous !... il n'y en a plus. Ce sont des gens qui veulent vous rendre la santé.

**PARIS.**

Ils sont bien bons.

**HOLA.**

Et la gaîté.

**PARIS.**

Ils seraient bien habiles !... (*au premier personnage.*) Que me voulez-vous ?...

**L'ORTHOPÉDISTE.**

En ma qualité d'orthopédiste, je veux vous redresser un peu.

**PARIS.**

Vous n'y parviendrez pas... Depuis que le cadastre s'en mêle, je suis un peu plus tortu qu'auparavant !... (*montrant l'Egyptien.*) Et celui-là ?...

**HOLA.**

C'est un Égyptien qui remporte dans sa patrie la science que lui ont donnée les docteurs de votre Faculté de médecine.

**PARIS.**

Ah ! ils lui ont donné leur science !... Je lui en fais mon compliment, à sa patrie... si avec ça il la guérit... Et ce monsieur ?...

**HOLA,** *montrant un homme très pâle et très maigre.*

L'Arabe Alibabibabam... inventeur de ce fameux racahout des Arabes... qui rafraîchit les odalisques du sérail et entretient la vigueur des eunuques.

Air *de Mazaniello.*

Quand la figure est défleurie,
Quand le corps est dans la maigreur,
Le racahout par sa magie
Vous rend l'embonpoint, la fraîcheur.

**PARIS,** *montrant l'Arabe qui est pâle et maigre.*

Cette méthode est sûre et prompte,
Je ne prétends pas le nier ;
Mais votre inventeur pour son compte
Ferait fort bien d'en essayer.

(*à un autre, qui lui met un paquet sous le nez.*)

A l'autre ! quelle odeur ! ça vous monte au nez !

**BELLECHASSE.**

Je crois bien, c'est la moutarde blanche... spécifique merveilleux... panacée universelle, qui guérit de la colique, de la fièvre, de la goutte, de l'ambition, de la peur, de la médecine, de l'éloquence, de la migraine, de la peste, de la doctrine, de la toux, du carlisme... et de toutes les inflammations généralement quelconques, y compris la république... A votre service.

PARIS.

Je n'ai rien de tout cela.

TOUS.

Mais qu'avez-vous donc ?

PARIS.

Je m'ennuie habituellement. Je suis tenté de croire que c'est le spleen, car depuis l'alliance avec l'Angleterre ça ne fait qu'augmenter... Il y a des momens où Paris est tenté de se jeter du haut des tours de Notre-Dame.

AIR : *Vaudeville du Dîner de garçons.*

> Je ne sais pas trop ce que j'ai,
>
> Je languis et perds la parole ;
>
> Mais de soucis quoique chargé,
>
> Mon cœur est bon... ça me console.
>
> Dans la chambre claquemuré,
>
> J'avale des drogues bien fades ;
>
> Aussi de docteurs entouré,
>
> Je sens mon milieu délabré
>
> Et mes extrémités malades.

BELLECHASSE.

En ce cas, je sais ce qu'il vous faut... quelque chose qui vous réconforte, qui vous donne du ton à l'estomac... Prenez de ma cuisine !

PARIS.

Votre nom ?

BELLECHASSE.

Bellechasse, dit Ortolan, cuisinier émérite... cordon bleu... quand il y en avait encore. Je quitte l'hôtel de monsieur de Saint-Germain, où il n'y a plus rien à frire, et je viens vous offrir mes services pour étrennes... Chaud'! chaud !

PARIS.

C'est-à-dire que votre maître vous a renvoyé...

BELLECHASSE.

On ne renvoie pas un homme tel que moi, on le met à la porte, je ne dis pas... mais je quitte l'hôtel parce que ma main s'y perd et que mon talent y tombe... en cannelle... voilà !

PARIS.

Cependant il me semble que la table de monsieur de Saint-Germain était...

BELLECHASSE.

Justement, elle était... elle n'est plus !... la marmite est renversée ; nous boudons contre notre ventre ; nous jeûnons pour faire enrager ceux qui mangent.

Air : *Ce luth galant.*

Nous bouderons tant que petits et grands
Seront égaux.

**PARIS.**

Vous bouderez long-temps.

**BELLECHASSE.**

Enfin nous bouderons tant qu'à notre éloquence
Les peuples seront sourds
Ainsi que la puissance..
Tant que la liberté sera de mode en France.

**PARIS.**

Vous bouderez toujours.

**BELLECHASSE.**

Aussi je viens à vous avec mon talent... que vous connais-
sez... C'est moi qui jadis faisais passer tout ce que vos ministres
vous faisaient avaler... sans ce que vous avalerez encore...
Je me mets à votre service... je vous rends la santé, et vous
m'aiderez à me faire un nom... à avoir la vogue.

**PARIS.**

La vogue ! vous ne savez pas ce que c'est.

Air : *Nos maris en Palestine.*

La Vogue, enfant très bizarre,
Du caprice emprunte les lois ;
Un rien la fixe ou l'égare :
Même en cet instant, je crois,
De l'humeur où je la vois,
Elle préfère, l'inhumaine,
Aux doux accords de Rossini,
Au coude-pied de Taglioni,
Aux caresses de Célimène,
Un picotin chez Franconi.

(*On entend un grand bruit et une aubade de tambours.*)

**PARIS.**

Ah ! mon Dieu, qu'el vacarme !

**HOLA.**

C'est l'ordre public qui vous donne une aubade.

**PARIS.**

Il ne manquait plus que ça.

**BELLECHASSE.**

Eh bien ! mon bourgeois ?...

**PARIS.**

Merci, je suis à la diète... laissez-moi tous...

AIR : *Entendez-vous, c'est le tambour.*

Ah ! quel vacarme ! ah ! c'est affreux !
L'ordre public est dans l'ivresse...
Il va, je crois, crever sa caisse !
Que ses tambours rentrent chez eux.

**BELLECHASSE.**

Mais à la police, et pour causes,
Je m'en vais vite me montrer ;
Car nous avons là bien des choses
Difficiles à digérer.

**CHOEUR.**

Ah ! quel vacarme ! etc.

# SCÈNE III.

### PARIS, *seul, s'asseyant.*

Pendant qu'on est en train d'expédier des lois, on devrait bien en faire une pour que le jour de l'an revînt moins souvent.

# SCÈNE IV.

### CASSECOU, HOLA, PARIS.

CASSECOU, *poussant Paris sur son fauteuil à roulettes.*
Brrr.... voilà ! voilà !

**PARIS.**

Eh bien ! qu'est-ce que c'est ? qu'est-ce qu'il veut encore celui-là ?

**CASSECOU.**

Faire votre fortune et la mienne... vous proposer un projet superbe !

**PARIS.**

C'est ça, il commence par me rouler.

**CASSECOU.**

J'espère bien finir de même... je suis pour le mouvement... accéléré... Le siècle marche, et je lui fournis les moyens d'aller vite... Brrr ! brr ! brr !

**PARIS.**

Monsieur est loueur de cabriolets ?

**CASSECOU.**

Fi donc ! j'ai des vues plus élevées !

**HOLA.**

Monsieur se lance dans les aérostats ?

**CASSECOU.**

Je ne donne pas là-dedans... je vais terre à terre... je ne risque rien... pas même mon argent.

Air : *Tra la la.*

La vapeur,    (*bis.*)
Vous en voyez l'inventeur ;
La vapeur ,    (*bis.*)
Je fais tout à la vapeur.

Qui fait ce chemin de fer ?
Qui met ce bateau sur mer ?
Qui fait courir ce wiski ?
Qui fait cuire ce rôti ?
La vapeur, etc.

Qui fait jouer cet acteur ?
Qui fait rimer cet auteur ?
Qui fait marcher ce dandy ?
Qui fait payer ce mari ?
La vapeur, etc.

Brrr !

**PARIS.**

Des machines à la vapeur !... des chemins de fer !... des voitures !... j'en ai beaucoup entendu parler.

**HOLA.**

Mais c'est comme le reste, ça ne vient pas.

**CASSECOU.**

Ça viendra !... croyez-en Cassecou !... c'est mon nom. J'ai une douzaine de routes dans ma poche, et trois voitures dans ma tête... mais la concurrence, les envieux, les jaloux, les chevaux, les actionnaires... les actionnaires surtout !... ils y mettent une mauvaise volonté !... ils ne veulent rien prendre à la vapeur... pas même des bouillons.

**HOLA.**

Ils en ont tant avalé !...

**PARIS.**

C'est dommage !...

**CASSECOU.**

Au contraire, c'est très heureux !... le génie ne peut pas rester en route, les obstacles l'irritent... ma tête a fermenté... et je suis arrivé à une découverte sublime !... Regardez et admirez !... (*Il lui montre une paire de bottes qui roulent d'elles-mêmes sur le théâtre.*)

**PARIS.**

Qu'est-ce que c'est que ça ?

Paris malade.                                                    2

**HOLA.**

Eh! mais, ça m'a l'air d'une paire de bottes.

**CASSECOU.**

Précisément... une paire de bottes à vapeur... le mécanisme est dans l'épaisseur de la semelle et le fourneau dans le talon... Avec ça on fait six lieues à l'heure, on ne se fatigue pas, et l'on n'a jamais froid aux pieds.

**HOLA.**

Parbleu! je suis curieux d'en essayer!

**CASSECOU.**

Hein! quelle invention commode!

**PARIS.**

Vous allez écraser les cabriolets!

**CASSECOU.**

Ils en ont écrasé bien d'autres!... Montez, monsieur, montez!... (*Pendant que Hola se place dans les bottes.*)

Air: *Un homme pour faire un tableau.*

> Chacun son tour, en vérité;
> Dans ce siècle d'indépendance
> Je rétablis l'égalité;
> A tous j'offre la même chance.
> L'équipage est humilié;
> Car cette nouvelle chaussure
> Doit donner au mérite à pié
> Le pas sur le sot en voiture.

**HOLA**, *dans les bottes qui commencent d rouler.*

Eh! mais, qu'est-ce que ça signifie?... Ah! mon Dieu!

**CASSECOU.**

N'ayez pas peur!

**PARIS.**

Mais voilà vos bottes qui s'en vont toutes seules!...

**HOLA**, *emporté par les bottes.*

Eh! monsieur! arrêtez donc... arrêtez!... (*Il crie encore dans la coulisse.*)

**CASSECOU.**

Allez toujours! allez!... Hein! comme c'est fait!... comme ça va!... bon voyage!

# SCENE V.

### PARIS, CASSECOU, OSSIAN.

**PARIS.**

Et où comptez-vous le rattraper?

**CASSECOU.**

A Versailles ou à Saint-Germain... elles n'ont pas de combustible pour aller plus loin.

**PARIS.**

Je suis fâché de leur départ... j'aurais été bien aise d'examiner de plus près.

**CASSECOU.**

J'ai quelque chose de plus curieux à vous montrer.

**PARIS.**

Vraiment!... Et quoi donc?

**CASSECOU.**

Un chef-d'œuvre.

**PARIS.**

Tant pis... Je me défie des chefs-d'œuvre comme on nous en donne depuis quelque temps.

**CASSECOU.**

Celui-ci ne ressemble pas aux autres; il est réel, solide et incontestable... c'est le fruit de ma patience et de mon génie... Approche, Ossian! (*Ossian paraît monté sur un piédestal à roulettes. Il a les cheveux ébouriffés, il porte l'habit de l'Institut et le claque sous le bras.*)

**PARIS.**

, Voilà un monsieur qui paraît fort tranquille.

**CASSECOU.**

C'est un poète!...

**PARIS.**

Comment! comment! qu'est-ce que vous me dites là?

**CASSECOU.**

Jusqu'à présent on ne s'était servi de la vapeur que pour la préparation du chocolat, la confection des bas de laine, des bonnets de coton et autres balivernes de cette espèce... j'ai voulu aller plus loin... J'ai remarqué que la poésie était un article assez commun et qu'il se débitait une énorme quantité de vers de toutes qualités... J'ai voulu en accélérer la fabrication, et je suis parvenu à créer une machine qui en improvise quinze cents par heure.

**PARIS.**

Comment! de bons vers?

**CASSECOU.**

Excellens!... comme ceux de monsieur chose... l'académicien, son confrère.

PARIS.

Bah ! vous plaisantez.

CASSECOU.

Pas du tout... On vient de rétablir à l'Institut une cinquième classe tout exprès pour lui donner une place... en attendant qu'il y ait un fauteuil vacant à l'Académie française... Voyez, nous avons l'uniforme... et comme c'est porté !...

PARIS.

Il est très bien ; seulement je lui trouve et le menton un peu long et les oreilles...

CASSECOU.

Ce n'est rien que ça... Attendez, il a peut-être les oreilles un peu courtes ; mais c'est susceptible de perfectionnement... Et puis, avec les poètes il ne faut pas être trop difficile.

PARIS.

Et vous croyez que le vôtre est en état de lutter d'imagination ?...

CASSECOU.

Avec toutes les célébrités de l'époque... Il les enfonce, et il n'en est pas plus fier pour ça... seulement les autres sont obligés d'attendre l'inspiration... Ici, je l'allume à volonté avec un peu de charbon. (*Il tire un soufflet et un briquet de sa poche*) Et si la pensée se refroidit, je la réchauffe d'un coup de soufflet.

PARIS.

Mais il ne doit y avoir que du vent.

CASSECOU.

C'est le génie !... demandez...

> AIR : *Une fille est un oiseau.*
>
> Le soufflet, de tous les temps,
> Fut d'un secours efficace ;
> Dans le monde comme en place,
> Que d'habiles charlatans !
> D'acteurs dont la chaleur brille,
> D'auteurs à la pacotille
> Et de pères de famille
> Dont un collaborateur
> Fait les trois quarts du mérite,
> Et qui tomberaient bien vite
> S'ils n'avaient pas un souffleur.

Bon !... Voulez-vous que ce gaillard-là vous improvise quelque chose ?

PARIS.

Avec plaisir.

CASSECOU, *portant l'allumette enflammée sous le piédestal.*

Il ne s'agit que d'allumer son imagination... voilà que ça

prend... ça va monter au cerveau. Que voulez-vous?... Un poème épique?

PARIS.

Miséricorde !

CASSECOU.

Une bonne comédie?

PARIS.

C'est trop commun.

CASSECOU.

Je vous offrirais bien un vaudeville en trois actes, en costume historique ou en uniforme... ça vous ennuierait... mais une tragédie?...

PARIS.

Ah! c'est un peu lourd à digérer... j'en ai encore deux sur l'estomac qui n'ont pas pu passer... mais va pour une tragédie... sans préface.

CASSECOU.

Soyez tranquille. (*Ossian éternue.*)

PARIS.

Qu'est-ce qu'il fait là ?

CASSECOU.

Il se recueille... Voyons, avez-vous un sujet ?

PARIS.

Un sujet ?... ça m'est égal... celui qu'il voudra.

CASSECOU.

Ossian !... sujet à volonté !... Silence ! il y est...

OSSIAN, *d'une voix faible d'abord et montant graduellement.*

M'entends-tu ? m'entends-tu ? m'entends-tu ? m'entends-tu ?

PARIS, *avec surprise.*

Le vers y est !

CASSECOU.

Silence donc... vous coupez l'inspiration... Un coup de soufflet.

PARIS.

Comme il se démène !...

OSSIAN.

Ma sœur veut m'entourer de savans : c'est bien mal
De la part d'une sœur... Il n'est pas d'animal,
Pas de corbeau goulu, pas de loup, pas de chouette,
Pas d'oison, pas de bœuf, pas même de poète,
Pas de mahométan, pas de théologien,
Pas d'échevin flamand, pas d'ours et pas de chien
Plus laid, plus chevelu, plus repoussant de formes,
Plus caparaçonné d'absurdités énormes,

Plus hérissé, plus sale et plus gonflé de vent
Que cet âne bâté qu'on appelle un savant.
Cinq ou six... — Cinq ou six! c'est tout une écurie,
C'est une académie, une ménagerie!
Merci. — Mais vous avez les femmes... vous avez
Les femmes... — Laissez-moi tranquille... vous rêvez
De vouloir des savans... moi, foi de gentilhomme,
Je m'en soucie autant qu'un poisson d'une pomme.

PARIS, *l'interrompant.*

Assez! assez comme ça!... Je connais la fabrique... j'ai entendu ça un jour que le public s'amusait comme un roi qui s'ennuie!... Vous n'avez pas quelque chose de mieux?

CASSECOU.

Des bouts rimés.

PARIS.

Dans le même genre?

CASSECOU.

Eh! non, il est très fort sur les bouts rimés... Donnez-lui des rimes... six, huit...

PARIS, *cherchant.*

Diable! c'est assez difficile quand on n'a pas l'habitude... Une rime à *pistache.*

CASSECOU.

*Ganache.*

PARIS.

C'est bien mon affaire... Après, aidez-moi donc un peu.

CASSECOU.

Impossible!... j'aurais l'air d'être d'accord!... et malheureusement nous ne sommes que nous deux... Dépêchez-vous donc... voilà le feu qui tombe.

( *On jette de la salle un papier; ils se regardent tous les deux.* )

PARIS, *ramassant le papier.*

Qu'est-ce que c'est?

CASSECOU.

Tiens!... des rimes qu'on nous envoie... Ah! on ne dira pas que c'est un compère...

PARIS.

Voyons, voyons... ( *lisant.* ) *ique,* — *oc,* — *chique,* — *choc.*

CASSECOU.

Diable! c'est difficile!... Ensuite?

PARIS, *continuant.*

*Mande,* — *let,* — *net,* — *lande.* Allons, mon cher, tirez-vous-en.

CASSECOU.

Tout de suite... Ossian!... *ique,* — *oc,* — *chique,* — *choc,* — *mande,* — *let,* — *net,* — *lande..* ( *à Paris.* ) Attention!...

( *Il donne un coup de soufflet.* )

OSS IAN, *levant les yeux au ciel.*

Un conscrit part pour la Belg*ique*
En se disant : C'est là le *hoc;*
Puis sous Anvers roulant sa *chique,*
Il affronte gaîment le *choc.*
Quand au poste où l'honneur com*mande*
Il est atteint par un bou*let :*
Cré coquin ! dit-il, Duma*net,*
C'est un fromage de Hol*lande.*

**PARIS.**

Bravo ! c'est ça !...

CASSECOU.

Hein ! comme c'est tourné !... Eh bien ! monsieur, il réussit de même dans tous les genres... Il fonde en ce moment un journal en vers... pour faire suite à la *Némésis* qui a fait la culbute... je suis en train de le travailler pour l'éloquence de tribune ; et quand il sera en état de parler deux heures pour ne rien dire, je le ferai nommer pair de France, ou député !... Mais je cours à la faculté de médecine... où on doit l'examiner... Ossian ! un couplet de sortie, mon garçon !

OSSIAN.

AIR : *Vit-on jamais pareille extravagance.*

Quand vous voudrez tragédie ou poème,
A l'Institut ne portez point vos pas.
Il sait rimer... mon talent est le même,
Et j'ai du feu que souvent il n'a pas.

CASSECOU.

A nos auteurs ma fabrique doit plaire ;
Tout nébuleux la clarté leur fait peur ;
Dans les brouillards quand on est d'ordinaire,
On doit aimer les vers à la vapeur.

*ENSEMBLE.*

Quand vous voudrez etc.

**PARIS.**

Quand je voudrai tragédie ou poème,
A l'Institut loin de porter mes pas,
J'irai chez lui ; son talent est le même ;
Il a du feu que les autres n'ont pas.

# SCÈNE VI.

### PARIS, HOLA.

#### HOLA.

Ah ! monsieur, monsieur... voilà une foule de gens qui forcent les barrières.

#### PARIS.

Empêche-les d'entrer.

#### HOLA.

Et le moyen ?... Il y en a qui ont des sabres, des poignards, des pistolets...

#### PARIS, *effrayé.*

Des pistolets ?... Sont-ils chargés ?...

#### HOLA.

Je ne crois pas... mais c'est égal !... ( *On entend des cris.* ) Les entendez-vous ?... Arrière ! on n'entre pas !

# SCÈNE VII. .

**LES MÊMES,** *plusieurs personnages dans le fond, repoussant Hola qui veut les arrêter.*

#### CHŒUR.

Air : *Vaudeville des Couturières.*

Il faut nous annoncer

A votre maître ;

Il doit tous nous connaître.

Il faut nous annoncer ;

D'attendre ainsi l'on peut bien se lasser.

#### HOLA.

Ils disent qu'ils sont vos théâtres ordinaires... et, comme vous n'allez plus les voir, ils viennent vous demander une visite pour étrennes... Tenez, cette grosse femme...

#### PARIS.

Ah ! c'est la Tour de Nesle !... C'est bien, ma brave femme, on ne peut plus rien faire pour vous... ça a duré assez longtemps !...

#### HOLA.

Elle soutient qu'elle est une école de mœurs.

#### PARIS.

Oui, comme l'Auberge des Adrets... où l'on m'a volé ma montre l'autre fois.

#### HOLA.

Le Panthéon... les Folies dramatiques...

PARIS.

C'est bien... c'est bien... Je ne les connais pas.

HOLA.

Desbureau.

PARIS.

Ah ! diable ! ( *se découvrant.* ) Salut ! grand homme !... Un paillasse qui a trouvé son historien... lorsqu'il y en a tant d'autres qui... ( *On entend tousser.* ) Quel est cette homme qui a un asthme ?

HOLA.

Ce n'est pas un asthme... c'est une voix...

PARIS.

Mais il tousse.

HOLA.

Non, il chante.

PARIS.

Eh ! c'est l'Opéra-Comique !... je le reconnais !... Bonjour, mon vieux !... A-t-il vu des révolutions, ce gaillard-là !...

AIR : *J'ai vu partout dans mes voyages.*

*Le Nouveau Seigneur* et *Joconde,*
*Joconde* et *le Nouveau Seigneur,*
C'était son refrain dans le monde,
Il en mourut ; mais par bonheur
Il renaît... son espoir se fonde
Sur du neuf ; et, dans son ardeur,
Voilà qu'en attendant *Joconde*
Il reprend *le Nouveau Seigneur.*

Eh bien ! qu'est-ce qu'il chante là ?

HOLA.

Il vous parle du Pré aux clercs.

PARIS.

A la bonne heure ! voilà une musique qui doit le rajeunir !... un opéra charmant !... s'il n'y avait pas de paroles.

TOUS, *se rapprochant.*

Venez à nous !... sauvez-nous !...

PARIS.

Vous sauver, moi !... C'est vous qui m'avez enlevé ma santé, ma gaîté... Allez-vous-en au diable !

# SCÈNE VIII.

### LES MÊMES, COQALANE, FLONFLON.

COQALANE, *chantant.*

AIR *du Concert à la cour.*

Tra la, la, tra la, la.
Vous faut-il de la voix?
Venez m'entendre:
Vous faut-il de l'esprit?
Tra la, la.

FLONFLON, *déclamant pendant qu'elle continue à fredonner.*

« Oui, tout sourit à nos projets... Le roi ne se doute de rien...
« La conspiration marche, et c'est au milieu d'une fête qu'elle
« doit éclater. »

PARIS.

Ah! çà, mais, c'est le mélodrame, ce sournois-là!

FLONFLON.

Mélodrame vous-même, entendez-vous!

COQALANE, *chantant.*

*Di piacere*, etc.

PARIS.

Diable! c'est l'Opéra-Buffa.

FLONFLON.

« Ah! comme les minutes s'écoulent lentement pour des con-
« jurés suspendus sur un abîme, qui d'une main touchent au
« faîte des honneurs, tandis que leur pied presse un cercueil
« qui les réclame! »

PARIS.

Un cercueil!... Comment, est-ce que monsieur serait employé aux pompes funèbres? Vous êtes...

FLONFLON.

Le vaudeville... dit Flonflon, moyen-âge de la tête aux
pieds... Je mets mes servantes en reines et mes farceurs en
cardinaux!... Je fais des drames en trois actes, des farces en
cinq actes... Je m'amuse à conspirer...

PARIS.

Contre le public!... (*à Coqalane qui fredonne toujours.*) Et
mademoiselle!...

COQALANE.

*RÉCITATIF.*

Moi, monsieur, je suis Coqalane,
Et tous les soirs j'exerce mon organe

A chanter l'opéra-buffa
Passage du Panorama.

AIR : *Une robe légère.*

J'appartiens au théâtre
Où Jeannot fut si bien...

PABIS, *l'interrompant.*

Ah ! oui... Jeannot... dans ce temps-là on avait un genre...

FLONFLON.

Moi, je suis pour le genre bâtard... j'exploite le crime et l'adultère.

COQALANE.

### *RÉCITATIF.*

En fait de genre, moi, monsieur, je n'en ai qu'un :
C'est la roulade et pas de sens commun.

AIR *de la Boulangère.*

Tous les genres vont au hasard,
On ne sait auquel croire ;
Les Anglais s'en vont à Favart
Débiter leur grimoire ;
Les Français ne sont nulle part :
Voilà, monsieur, l'histoire
De l'art,
Oui, voilà son histoire.

( *montrant Flonflon.* )

Un petit théâtre voisin
Se montre fort habile ;
Il prend, au lieu d'un gai refrain,
Un héros d'un bon style ;
Lui tranchant la tête à la fin,
Voilà le Vaudeville
Malin,
Voilà le Vaudeville.

FLONFLON.

Je crois que vous jetez des pierres dans mon jardin... Par la barbe de Charles IX ! je n'ai pas l'habitude de souffrir les insultes !... Et cette bonne dague...

COQALANE.

*Même air.*

Croyez-vous que cet air hautain,

Mon cher, me désappointe?
Non ; vous me menacez en vain
De la dague ci-jointe ;
Quittez ce courroux enfantin,
Vous n'avez plus de pointe,
Voisin,
Vous n'avez plus de pointe.

**FLONFLON.**

J'ai du moins quelque chose que vous n'avez pas... c'est le public, cet excellent public.

**COQALANE**, *chantant.*

Tra, la, la, tra, la, la, etc.

**FLONFLON.**

Oui, je fais un petit cours d'histoire à l'usage de ceux qui ne l'ont pas lue, et ils y viennent ; au lieu que vous, péronnelle, vous chantez dans le désert.

**COQALANE.**

Air *du morceau d'ensemble.*

Oui, c'est un vrai scandale ;
Depuis plus de six mois
Je trouve notre salle
Plus grande qu'autrefois.
Ma voix facile et tendre
Frappe en vain les échos,
Personne pour l'entendre
Ne s'arrête aux bureaux.
Ah! tra la, la...
Oui, mes chants
Sont charmans.

**DEUXIÈME COUPLET.**

Ah! des faibles recettes
Pourquoi s'inquiéter ?
Nous avons les banquettes
Là pour nous écouter.
Mieux qu'une foule avide
J'aime un public de choix,
Et je sens que le vide
Fait ressortir la voix...
Ah! tra la, la...
Oui, mes chants
Sont charmans.

FLONFLON.

Votre voix... vous en êtes bien fière !

PARIS.

Ah ! çà, et la vôtre ?... chantez-lui donc un petit air.

FLONFLON.

Je ne chante plus, je joue la tragédie.

COQUALANE.

Raison de plus.

FLONFLON.

Vous m'insultez encore !

PARIS, *se jetant entre eux.*

Ah! du sang !... chez vous tant que vous voudrez, mais pas ici !

FLONFLON.

Laissez-moi la châtier.

# SCÈNE IX.

LES MÊMES, MONSIEUR BOSQUINO.

BOSQUINO.

Laissez-le faire... ne craignez rien !

FLONFLON, *qui a tiré une plume à la place d'une épée.*

Une plume d'oie !...

TOUS, *riant.*

Une plume d'oie !...

BOSQUINO.

C'est moi, votre serviteur, qui ai opéré la métamorphose... et s'il dit un mot, je vais le changer comme son épée.

PARIS.

Et qui êtes-vous donc ?

BOSQUINO.

Un sorcier.

TOUS.

Un sorcier !

PARIS.

Bah ! en ce cas, regardez ce sournois et cette prima dona... je vous défie de deviner leurs noms.

BOSQUINO.

Ces deux petits ?... ah ! vous me défiez... eh bien ! j'accepte, et d'un coup de ma baguette je vais écrire leurs noms sur leurs figures.

FLONFLON.

Insolent !

COQALANE, *chantant.*

Tra, la, la, la, la, etc.

BOSQUINO, *étendant sa baguette des deux côtés.*

Changez !...

(*Coqalane se transforme en Jocrisse et Flonflon se trouve changé
en vieillard avec le costume et les attributs du Vaudeville, un
galoubet et un tambourin.*)

TOUS, *reculant.*

C'est le diable !

PARIS.

O ciel !... mon petit Jocrisse !.. mon vieil enfant né malin.

BOSQUINO.

Les voilà réduits à leur plus simple expression.

JOCRISSE.

Tiens ! j'ai perdu mon *ut.* . . je ne puis plus chanter. . .

FLONFLON, *minaudant.*

AIR

La victoire dans un laurier,
Une femme dans une rose.

PARIS.

Ah ! que c'est fade !

JOCRISSE, *tâtant son costume.*

Je crois qu'il m'a dérobé. . . .

PARIS.

Un calembourg ?. . .

BOSQUINO, *étendant sa baguette.*

Rococo!... disparais!... (*Jocrisse et Arlequin disparaissent sous
le théâtre.*)

CHŒUR.

AIR

De tout son art dispose ;
Le tour est singulier :
Quelle métamorphose!
C'est vraiment un sorcier !

BOSQUINO.

Oui, je suis sorcier, ou c'est tout comme ; je devine tout, je
sais tout ; léger comme un sylphe, je passerais au besoin par le
trou d'une serrure... Je renverse les lois de la nature.. .je
tue, je ranime, et le monde reste en stupéfaction devant les
prodiges de mon art et les métamorphoses qu'il opère... En un
mot, je suis physicien, escamoteur, prestidigitateur.

PARIS.

Comme monsieur Comte ?

BOSQUINO.

Monsieur Comte !... laissez donc, c'est un enfant.

PARIS.

Comme monsieur Bosco, que j'ai vu ces jours derniers , par
ici?. ..

BOSQUINO.

Monsieur Bosco?. .. fi donc. .. un massacre que je joue
par-dessous la jambe !. .. Aussi je viens lutter avec lui dans
cette capitale du monde civilisé, où l'escamotage a fait, j'ose
le dire , un chemin si honorable.

PARIS.

Vous êtes un flatteur.

BOSQUINO.

C'est de mon état... je jette de la poudre aux yeux du peuple souverain. ( *Il lui jette une boîte de poudre dans les yeux.* )

PARIS.

Ah !vous m'avez crevé un œil !

BOSQUINO.

Ouvrez l'autre , il n'en verra que mieux. Je viens vous donner un échantillon de mon talent immense... Je le dis avec
une profonde modestie.

PARIS, *à la cantonade.*

Eh vite ! une table, des bougies.

BOSQUINO.

Eh non!... d'abord je vous fais grace de bon nombre de
tours que j'abandonne aux esprits vulgaires, hommes d'état ,
agens de change, notaires, avoués , etc... Je laisse les gobe-
lets aux charlatans de tribune, pour boire de l'eau sucrée. ..
Quant à l'escamotage. ..

PARIS , *tirant sa bourse.*

Vous avez peut-être besoin de quelques pièces ?

BOSQUINO.

Gardez votre argent, mon cher !... Est-ce que vous croyez
que si j'en avais besoin je viendrais vous dire : Donnez-moi
votre bourse ?... Eh non ! je dirais : Une, deux, trois...

PARIS.

Je ne l'ai plus.

BOSQUINO.

La voici !... Que diable! les temps sont rares et l'argent est
dur. .. Il faut garder ce qu'on a. ( *Il met la bourse dans sa poche.* )
Et d'un.

PARIS.

Permettez... ma bourse...

BOSQUINO.

A un autre. Monsieur Bosco escamote les objets de poche...
bêtises que cela !... Il y a sur votre pavé une foule de gens
qui font la montre, le mouchoir et même le portefeuille d'une
manière fort estimable.

Air : *Mon galoubet.*

Vrai scamoteur,
Cette dame qui dit son âge,
Ce laquais qui monte en faveur ;
Ce fat à qui tombe en partage
Le prix qu'on réserve au courage,
Vrai scamoteur !

Vrai scamoteur,
Cette vierge à la fleur d'orange,
Ce caissier qui parle d'honneur
Et ce ministre de rechange
Qui fait le budget comme un ange,
Vrai scamoteur !

( *à Paris.* ) Qu'est-ce que vous tenez là ?

**PARIS.**

Une tabatière... en usez-vous ?

**BOSQUINO.**

Du tabac ?... laissez donc !... c'est l'époque des bonbons,
dragées... ( *à Paris, qui a fermé la boîte.* ) Ouvrez !... ( *Paris
ouvre la boîte qui est pleine de bonbons.* ) Une pastille ?

**PARIS,** *en prenant une aussi.*

Excellentes ! et elles ne sentent pas le tabac. ( *Paris referme
sa boîte ; Hola s'approche ; on la lui rouvre, il n'en tire que du tabac qu'il approche de ses lèvres ; il fait la grimace et éternue.* ) C'est
délicieux !

**BOSQUINO.**

J'ai fait mieux que ça... Hier, en passant près de votre
Théâtre-Français, je lui ai escamoté son public : six hommes,
trois femmes et un enfant... et ce soir, disparu... Passons à plus
difficile : Vous, par exemple, il vous faut quelque chose qui
vous amuse, qui vous égaie... un monstre à la mode, et vous
allez voir... parais !...

# SCÈNE X.

**LES MÊMES, LA CARICATURE.**

**LA CARICATURE,** *tombant par la fenêtre.*

Gare ! gare, que je passe ! Ah ! ah ! ah !

**PARIS.**

Voilà le diable qui me tombe du ciel.

**LA CARICATURE.**

Non, mais du passage Véro-Dodat... pas plus malin que
ça. Ah ! ah ! ah ! restez là, ne bougez-pas... je vais vous croquer.

**PARIS.**

Ah! çà, pas de mauvaise plaisanterie.

**LA CARICATURE.**

Vous avez beau faire, vous y passerez de face ou de travers. Ah! ah! ah!

**PARIS.**

Je vous défends de me toucher.

**LA CARICATURE.**

N'ayez pas peur, je vous croquerai... mais je ne vous mangerai pas... Hein! me reconnaissez-vous?

Air : *La bonne aventure.*

Regardez mon front cornu,
  Ma large figure,
Mon gros nez, mon pied fourchu,
  Et ma libre allure ;
Par vingt procès fatigué,
Je suis toujours franc et gai,
  La Caricature, ô gué!
  La Caricature.

**PARIS.**

La caricature!... comment'... Vous qui vous permettez de tout montrer... absolument tout... voyez plutôt chez les marchands...

**LA CARICATURE.**

Je comprends... mais ce n'est pas mon affaire... Ce que je découvre impitoyablement, ce que je montre nu comme la main... ce n'est pas ça... c'est une conscience vendue, une réputation usurpée; mais, toujours en riant, je ne sors pas de là. Ah! ah! ah! je ne suis pas de ces barbouilleurs qui s'occupent de balivernes... mais un démon fantastique poursuivant de mon crayon satirique le monde politique... et sa clique... à votre service.

**PARIS.**

Vous êtes bien honnête!... Ah! çà, vous ne craignez pas qu'on vous arrête et qu'on vous conduise en prison?

**LA CARICATURE.**

J'en sors... c'est ce qui m'a refait... la prison engraisse; et puis cela vous donne du courage, de la verve... C'est dans l'esclavage qu'on retrempe sa plume et ses pinceaux... le calme éteint la chaleur, endort l'enthousiasme... La liberté est un poison lent.

**PARIS.**

C'est donc pour ça qu'elle avance si peu.

LA CARICATURE.

*Air du Vaudeville de Fanchon.*

De Sainte-Pélagie
S'élance le génie
Plus âpre et plus profond ;
La vengeance console !
Pour croquer mon juge en prison,
Au foyer de la geôle
Je volais du charbon.

DEUXIÈME COUPLET.

D'un chansonnier que j'aime
La muse chantait même
En dépit des bâillons ;
Il est libre, il sommeille...
Vite, r'ouvrez-lui les prisons,
Pour que cela réveille
Sa muse et ses chansons.

PARIS.

Merci pour lui !... Il sera très flatté, certainement.

LA CARICATURE.

Tiens ! pourquoi pas ?... Il se promène, il ne fait rien... au lieu que moi, qui ai le bonheur de vivre à Sainte - Pélagie, je travaille comme un damné... Tous les matins j'ai ma chanson... au crayon... et vous en verrez bien d'autres... J'en ai de toutes les formes, de toutes les couleurs, et pour tous les partis ; depuis le Palais-Bourbon jusqu'au Luxembourg, depuis le Louvre jusqu'à la police, je mets tout à nu !... Ah ! ah ! ah !

PARIS.

Au fait, vous êtes amusant, et si vous n'étiez pas si méchant...

LA CARICATURE.

Méchant !... allons donc !... Je suis malin, je pince quelquefois un peu fort, mais cela ne fait de mal qu'à ceux qui ont l'esprit mal fait.

PARIS.

Ou le bras trop gras...

LA CARICATURE.

Y a-t-il rien de plus ennuyeux qu'un sot qui vous dit toujours : Dieu vous bénisse, quand vous éternuez une bêtise !... La contrariété, morbleu ! voilà ce qui amuse, ce qui divertit, ce qui fouette le sang !... C'est ce qu'il faut pour être aimé, cité, couru !... Pour moi, si j'étais assez bête pour être quelque chose, je préférerais à tous ces mangeurs d'impôts, toujours

prêts à vous lécher la main en attendant qu'ils vous la mordent,
un farceur qui me lâcherait de bonnes vérités en riant...
comme moi, par exemple; et je n'en suis pas chiche. Ah!
ah! ah!

Air : Vive la lithographie.

Vive la Caricature!
 C'est mon plaisir et mon goût ;
Prompt à saisir la nature,
Je vois tout, je ris de tout.
Ce monde est un carnaval
Sous un masque original ;
Chaque matin je fais feu
A droite, à gauche, au milieu.
Voyez ces chiens en livrée,
Je les ai peints trait pour trait,
Quand ils vont à la curée
Dévorer un gros budget.
Le bonnet rouge est passé
Et le blanc est repoussé ;
Mais pour coiffer les métis
Nous avons le bonnet gris.
J'ai fait la Justice borgne
Avec deux poids inégaux ;
La Police qui nous lorgne
Tire sa poudre aux moineaux.
L'un du parquet tient le fil,
Je le montre de profil ;
L'autre se croit un héros,
Et l'on ne voit que son dos.
Il pleut des croix par centaine;
Mais, grace à maint charlatan,
Le peuple porte la sienne...
Et c'est hélas! sans ruban.
Dans les conseils du pouvoir
Pantin est venu s'asseoir ;
Paillasse est ressuscité
Sous l'habit d'un député ;
La Liberté tant vantée
N'est plus une vierge... mais
C'est une fille crottée
Prostituant ses attraits.
Riant du peuple badaud,
 Quelquefois montant plus haut,

Mon crayon à la Calot
Donne à chacun son ballot...
Par mon art tout se transforme,
En attendant qu'un huissier,
Par un bon arrêt en forme,
Me transforme en prisonnier.

PARIS.

Écoutez donc, vous conviendrez que vous ne l'aurez pas volé, quand ce ne serait que pour ce que vous venez de dire ; et je ne sais pas trop, si j'étais ministre...

LA CARICATURE.

Ministre, vous ! heureusement cela ne se peut pas ; vous avez le nez trop court, ah ! ah ! ah !

PARIS.

Le fait est que vous ne pourriez pas monter à cheval sur le mien comme sur l'autre.

LA CARICATURE.

Tant pis ! et dans l'intérêt même du porteur.

Air *de la Robe et les Bottes.*

Pour choisir un ministre en France
On peut prendre un homme profond ;
Mais le plus important, je pense,
C'est qu'il ait d'abord le nez long.
C'est un précédent nécessaire;
Car s'il emporte en s'en allant
Un pied de nez du ministère,
Il répondra qu'il l'avait en entrant.

Ah ! ah ! ah ! ça met l'amour-propre à couvert.

PARIS.

Eh bien ! vous voyez que vous êtes incorrigible ! Que diable ! mon cher, il n'y a qu'un moyen d'être parfaitement heureux ; c'est de monter sa garde, de payer ses impôts, et de respecter les puissances... Allons, qu'est-ce que vous faites là ?

LA CARICATURE, *le dessinant.*

Zig ! zag ! c'est fait... tenez, vous reconnaissez-vous ? (*Il lui montre le dessin.*)

PARIS, *furieux.*

Comment ! un dindon !

LA CARICATURE.

Plumé ! en grand uniforme... ah ! ah ! ah !

PARIS.

Quelle horreur ! quelle indignité ! c'est que c'est moi, tout-à-fait, quand je fais l'exercice.

LA CARICATURE.

Ce sera pour mon premier numéro.

PARIS.

Comment ! vous oseriez...

*ENSEMBLE.*

LA CARICATURE.

Air : *Sortez à l'instant, sortez.*

Allons donc, apaisez-vous ;
C'est une charge entre nous.
Plus de cris (*bis.*) et calmez ce grand courroux.
Pardonnez à mon crayon ;
Je connais plus d'un dindon
Publié sans façon
En dépit de la prison.

PARIS.

Insolent ! que dites-vous ?
Plus de rapports entre nous.
Sortez donc (*bis.*) ou redoutez mon courroux.
Si vous osez tout de bon
Me publier en dindon,
Sans pitié (*bis.*) je vous fais mettre en prison.

LA CARICATURE.

La Caricature
Peut-elle être sûre
Que, chez vous, sa gaîté
Ramènera la santé ?

PARIS.

Non ; dans la misère
Vous mourrez, j'espère.

LA CARICATURE.

Si ; je vous la rendrai,
Ou bien je vous croquerai.

*ENSEMBLE.*

Allons donc, apaisez-vous, etc.

PARIS.

Insolent ! que dites-vous, etc.

(*Il tombe dans un fauteuil.*)

Ah ! je suis mort !

BOSQUINO.

A un autre tour pour vous remettre : Monsieur Bosco exécute le tour des pigeons ; il fait passer la tête du blanc au noir et du noir au blanc. Eh bien ! ce qu'il fait sur des volatiles, je le fais sur ce misérable bipède qu'on appelle l'homme. (*s'approchant jusqu'à la rampe, et s'adressant au public.*) Et s'il y avait dans l'honorable société quelqu'un qui voulût changer de figure... je ne dis pas ça pour les dames, il me trouvera tout prêt à lui rendre ce léger service, demain soir, au grand théâtre de Florence, ma patrie, où je retourne cette nuit.

**PARIS.**

Et vous y serez demain ? Par exemple !

**BOSQUINO.**

Eh ! mon cher, pour moi qu'est-ce que c'est que ça ? J'escamote les distances... Et tenez, en ce moment je pourrais vous dire ce qui se passe à mille lieues d'ici.

**PARIS.**

N'allons pas si loin. J'ai sous les murs d'Anvers de braves enfans dont je voudrais savoir des nouvelles.

**BOSQUINO.**

Tout de suite ; je vais vous faire venir quelqu'un de ce pays-là.

**PARIS.**

Pas possible.

**BOSQUINO.**

Attention ! d'un coup de baguette... Comment voulez-vous qu'on arrive ?

**PARIS.**

Par la diligence.

**BOSQUINO.**

C'est trop commun... sur un canon. Voilà !

(*Il donne un coup de baguette sur le mur qui s'entrouvre : Catin paraît sur un canon ombragé de drapeaux.*)

# SCÈNE XI.

LES MÊMES, **CATIN**, *un panier au bras.*

**TOUS.**

Une vivandière !

**PARIS.**

Eh mais ! je la reconnais ! Je l'ai vu autrefois à la parade de la vieille garde... il y a long-temps.

**CATIN**, *en versant un petit verre.*

Aussi, vous voyez, un peu cassée, mais le cœur encore jeune ; votre santé !

AIR : *Soldats, voilà Catin.*

Mes amis, c'est encor Catin,

La vieille vivandière.

J'dormais tranquille ; mais un matin
J'entends parler de guerre :
Mon cœur soudain sonn' le tocsin,
Tin, tin, tin, tin, tin, tin, r'lin tin, tin,
Et j'pars avec un fantassin :
Soldats, voilà Catin !

DEUXIÈME COUPLET.

Près d'Anvers, ah ! quel carillon
Quand j'me suis approchée !
Nos soldats s'régalaient d'canon
Dans l'eau de la tranchée.
J'leur servis un verre de vin,
Tin, tin, tin, tin, tin, tin, r'lin tin, tin ;
Et j'entendis ce cri soudain :
Soldats, voilà Catin !

Ah! c'est que je n'étais pas femme à manquer au rendez-vous !
il n'y a pas de fête sans moi, j'ai revu le feu des bivouacs, j'ai
entendu la canonnade... ça grondait comme autrefois !

PARIS.

Comment ? nos jeunes conscrits...

CATIN.

Des conscrits !

Air *de la Vieille.*

Ils semblaient se trouver à l'aise
A ce fracas nouveau pour eux ;
Aux refrains de *la Marseillaise*
Ils mêlaient des refrains joyeux :
L'espoir brillait dans tous les yeux.
De suivr' leurs pas mon ame était charmée
Parmi les bomb's, les obus, la fumée ;
Par le péril leur bravoure enflammée
Semblait s'accroître... et de la grande armée
Notr' vieux drapeau de ses plis triomphans
Saluait les dignes enfans.

BOSQUINO.

Il paraît qu'ils ont encore escamoté une victoire.

CATIN.

Escamoté, morbleu ! ce sont des lapins qui prennent tout de
franc jeu, et en plein jour, comme leurs aînés ! Ça allait joli-
ment. Et j'y étais bien pour quelque chose ; oui, moi, la vieille,
qui en ai tant vu... je leur parlais des anciens, je leur contais
nos campagnes, et en leur versant la goutte je leur criais : Aus-

terlitz ! Wagram ! Marengo ! Montmirail ! et tous les saints de
mon vieux calendrier, qui en vaut bien un autre ! Je les élec-
trisais ! ils marchaient en avant ! ils demandaient l'assaut !...
Dame ! ils étaient pressés !

Air *du Baiser au porteur.*

Parmi ces récits pleins de charmes,
Il en est un trop douloureux, hélas !
Qui de leurs yeux faisait couler des larmes...
Près d'l'étranger rêvant d'nouveaux combats,
Plus loin qu'Anvers ils euss'nt porté leurs pas ;
Mais d'la guerr' la fin fut trop prompte ;
Ils regrettaient, s'arrêtant subito,
D'n'avoir pu payer qu'un à-compte
Sur l'arriéré de Waterloo.

Et pourtant il y avait là des Prussiens.

PARIS.

Des Prussiens !

CATIN.

Oui, ils étaient là, en amateurs... pour juger les coups ! Ils
regardaient avec surprise les traces de nos boulets. On aurait
dit que ça leur en rappelait d'autres.

BOSQUINO.

Comme ça, c'est donc fini ?

CATIN.

Mais à peu près, et pourtant nous avions à faire à des gens
qui ne boudaient pas.

Air : *Patrie, honneur.*

Leur vaillant chef qui fut des nôtr's jadis,
Avant d'se rendre épuisa la défense ;
Et nos soldats au milieu des débris,
De ses efforts admirant la constance.
Le saluaient de ce cri généreux :
Honneur ! honneur au courag' malheureux !

PARIS.

Ce que vous me dites là me fait du bien, ça me rajeunit ; ce
sont les meilleures étrennes que je puisse recevoir.

CATIN.

Des étrennes ! voilà celles que vos enfans vous envoient.

BOSQUINO.

Des drapeaux ! des lauriers !

CATIN.

Ils en ont pris de tous les côtés. depuis le fort Montebello...
hein ! quel nom de baptême ! jusqu'à la lunette Saint-Laurent !
sur la brèche, sur les bastions !... et celui-là à la baïonnette,

morbleu !... six cents contre deux mille . pendant qu'Anvers capitulait ! car moi j'étais partout !

PARIS.

C'est une autre Jeanne-d'Arc !

CATIN.

Plaît-il ?

PARIS.

Une autre pucelle d'Orléans !

CATIN.

Quelle bêtise ! je suis vivandière, voilà tout.

BOSQUINO, *à Paris qui s'essuie les yeux.*

Hein ! vous êtes ému, attendri ; vous êtes content ?

PARIS.

Pas tout-à-fait... Les souvenirs du passé, les boulettes du présent, les craintes de l'avenir, tout cela me laisse un reste de chagrin et de spleen... Il faut, je le vois, que j'appelle mes médecins.

BOSQUINO.

Gardez-vous-en bien ! j'ai mieux que cela à vous donner... ce sera mon dernier cadeau. Laissez là les docteurs de toute espèce qui vous assassinent ; il n'y en a qu'un qui puisse vous rendre la gaîté, la santé, c'est le plaisir ! (*étendant la baguette sur Catin.*) Et le voilà ! (*Le théâtre change. Il est brillant de lumière, orné de fleurs ; un air de bal se fait entendre. Le fond offre une vue de Paris. A la place de Catin paraît le Plaisir.*)

# SCÈNE XII.

LES MÊMES. LE PLAISIR, TOUS LES PERSONNAGES.

CHŒUR.

Air : *Par l'amitié.*

C'est le plaisir ;      (*bis.*)
Quand la santé nous abandonne,
Tout au plaisir !     (*bis.*)
C'est lui seul qui peut nous guérir

LE PLAISIR.

Air *de la galopade du gentilhomme.*

Venez tous du docteur
Recevoir ici l'ordonnance ;
A l'an qui recommence
Elle prescrit joie et bonheur.
A ses calculs profonds
Laissons la politique ;
J'ordonne qu'elle abdique
Dans nos rians salons.
Et qu'abrégeant le cours
De ses débats arides,

Paris malade.                    5

Ses discours soient moins vides
Et ses budgets moins lourds.
En esprit, en bons mots,
Que le théâtre soit fertile ;
Et que le Vaudeville
Reprenne, s'il peut, ses grelots.
Je défends aux auteurs
Le drame funéraire ;
Ils gâtent l'adultère
Qui fait fortune ailleurs ;
Alcôves, n'ouvrez pas
A nos romans funèbres ;
Il faut dans les ténèbres
Ne frémir qu'en mes bras.
Que sans l'effaroucher
Les arts me peignent la nature ;
Mais avec sa ceinture...
C'est à moi de la détacher.
Mais j'entends le signal
Que donne la Folie ;
Avec femme jolie
L'Amour ouvre le bal.
Les Regrets, les Revers,
La Haine, tout s'envole ;
La France se console
Sous les drapeaux d'Anvers.
Au diable le Chagrin !
Que pour former la contredanse
Tous les partis en France
Désormais se donnent la main.
(*au public.*)
Quand, pour aller au bal,
Il vous surviendra quelque obstacle,
Allez tous au spectacle,
Mais surtout au Palais-Royal.

PARIS.

Bravo ! voilà l'ordonnance que je veux suivre ! au diable les
docteurs, les poètes, les machines, la politique et les discours !
Je veux m'amuser ! et pour commencer j'ouvre le bal.

*VAUDEVILLE.*

AIR

Amis, c'est l'an prochain
Qu'avec délire
Il faut rire.

Amis, pour l'an prochain,
Au diable peine et chagrin !
**HOLA.**
Bientôt nous allons jouir
De meilleures destinées ;
Caron nous dit, sans mentir,
Depuis plus de vingt années :
  Amis, c'est l'an prochain
    Qu'avec délire
      On va rire ;
  Et lorsque vient la fin,
C'est toujours pour l'an prochain

**LE CHOEUR.**
Amis, etc.

**PARIS.**
On nous promet un salon ;
Chaque peintre tient sa toile ;
Mais, las ! quand finira-t-on
Le monument de l'Étoile ?
  Amis, c'est l'an prochain ;
La Bastille est dans la poêle ;
  Amis, c'est l'an prochain
Que les arts iront grand train.

**LE CHOEUR.**
Amis, etc.

**FLONFLON.**
Si Talma, ce beau talent,
Renaissait dans notre ville,
Ce serait assurément
Pour jouer... le vaudeville.
  Amis, pour l'an prochain,
  Rendez-moi mon joyeux style ;
  Rendez, pour l'an prochain,
La tragédie au voisin

**LE CHOEUR.**
Amis, etc.

**OSSIAN.**
Tout est plein du haut en bas,
Justice, Institut... qu'importe !
Puisque là l'on ne met pas
Les machines à la porte,
  Amis, pour l'an prochain,
  J'irai grossir la cohorte ;
  Amis, c'est l'an prochain
Que mon triomphe est certain.

**LE CHŒUR.**

Amis, etc.

**LE PLAISIR.**

Pour que soudain à Paris

La femme libre paraisse,

Combien d'honnêtes maris

Devraient donner leur adresse !

Amis, pour l'an prochain,

Que la barbe disparaisse ;

Amis, que l'an prochain

La femme soit souverain.

**LE CHŒUR.**

Amis, etc.

**BOSQUINO.**

A tous les talens divers,

La pairie ouvre une enceinte ;

Mais de nos illustres pairs

La liste est par trop restreinte ;

C'est, dit-on, l'an prochain

Qu'on espère

Encore en faire ;

On tiendra, l'an prochain,

La chambre dans le jardin.

**LE CHŒUR.**

C'est, dit-on, etc.

**LA CARICATURE.**

Que nos canons désormais

Ne fassent plus de tapage,

Et laissent les Hollandais

Manger en paix leur fromage !

Amis, que l'an prochain,

Si la France

Rentre en danse,

Ce soit pour elle enfin

Et non plus pour le voisin.

**LE PLAISIR**, *au public.*

Nous oserions nous flatter

De succès plus qu'ordinaires,

Si, pour les escamoter,

Vous nous serviez de compères.

Messieurs, à l'an prochain !

Et dès ce soir pour étrenne,

Messieurs, un coup de main ;

Et salle pleine

Demain.

**FIN.**